Livre de coloriage
Travaillant sur la ferme

Coloring Pages for Kids

Coloring Pages for Kids
An imprint of Ciparum LLC

Livre de coloriage Travaillant sur la ferme
© 2017 Ciparum LLC
All rights reserved.
ISBN-10:1-63589-366-6
ISBN-13:978-1-63589-366-3

Coloring Pages for Kids

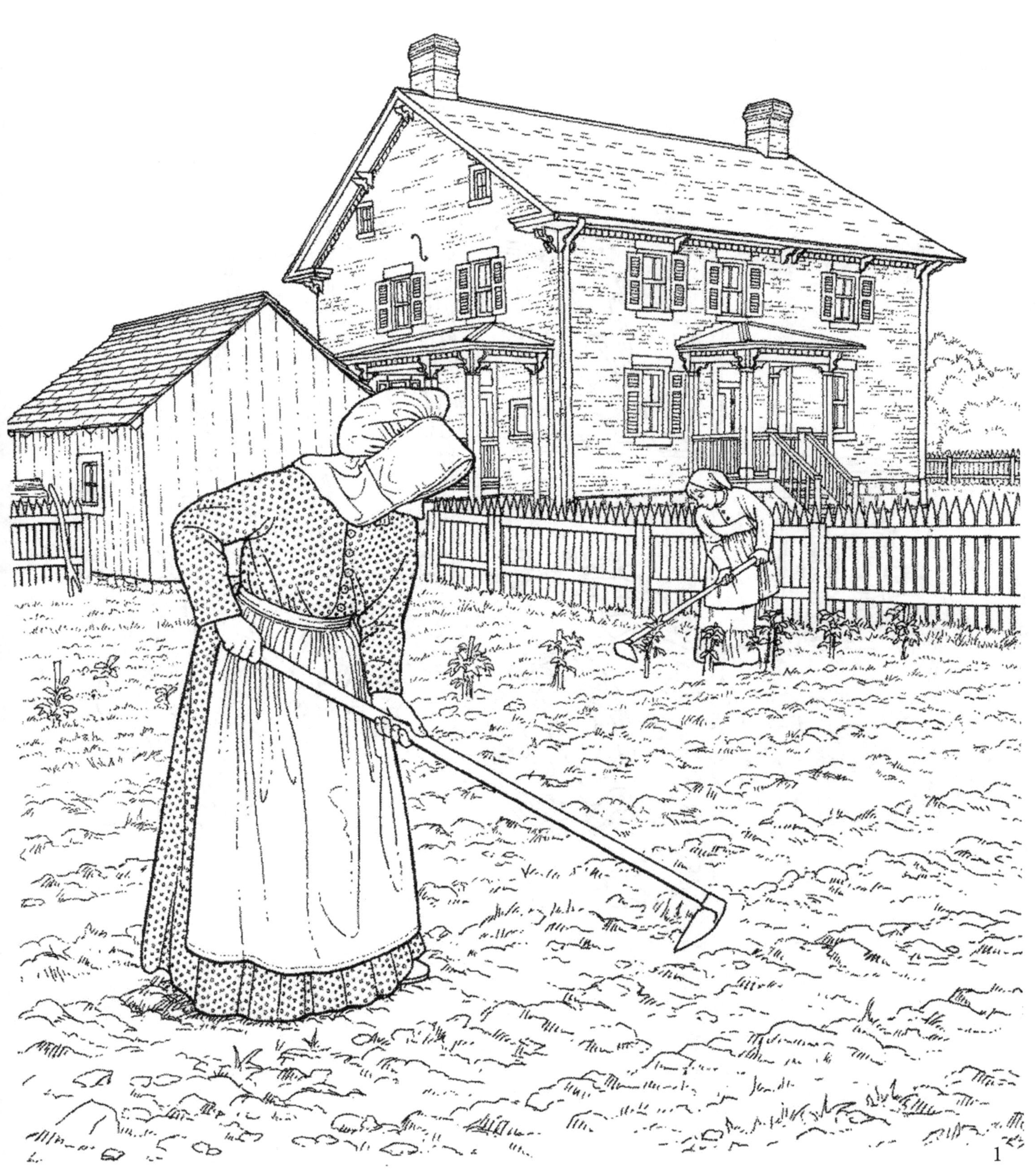

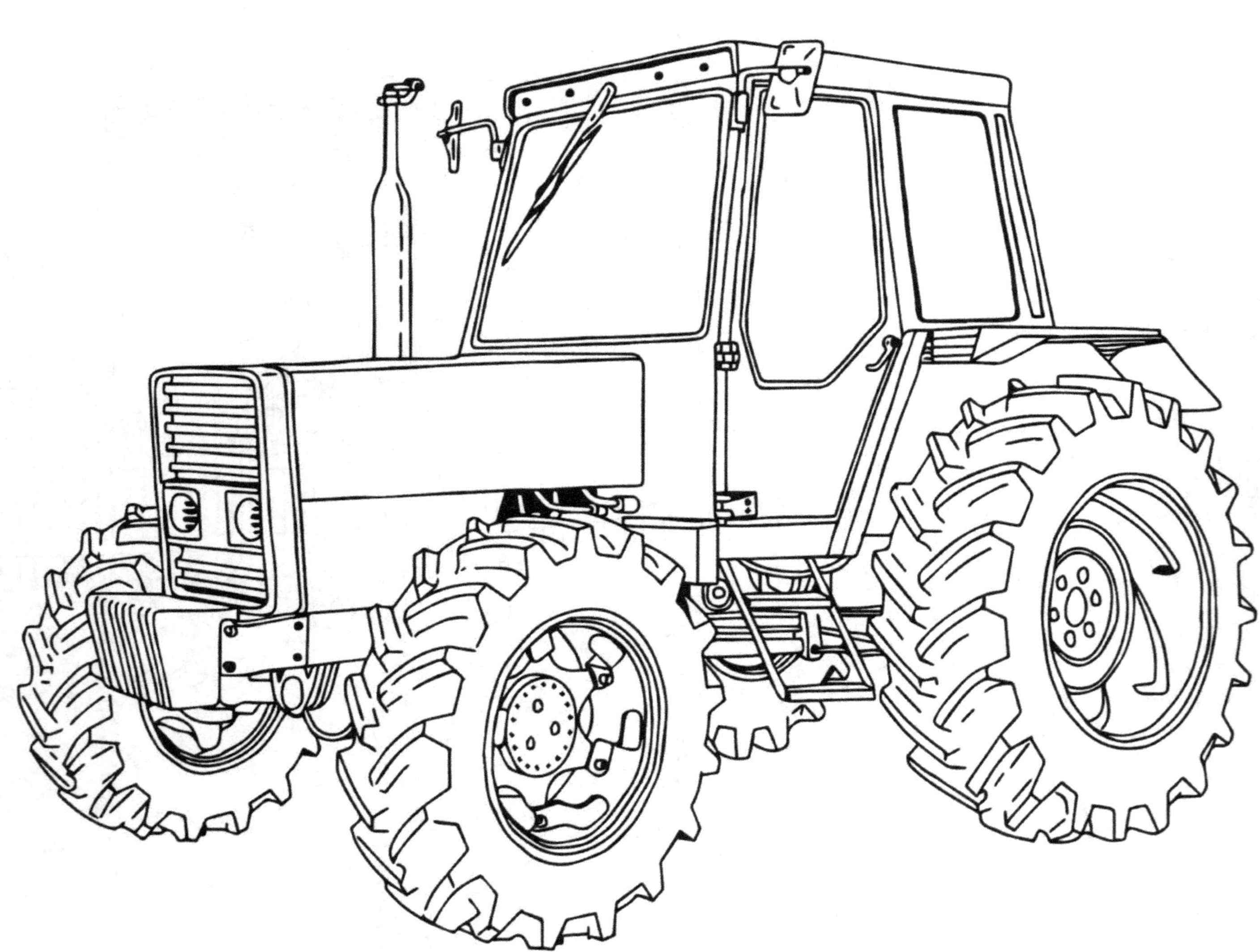

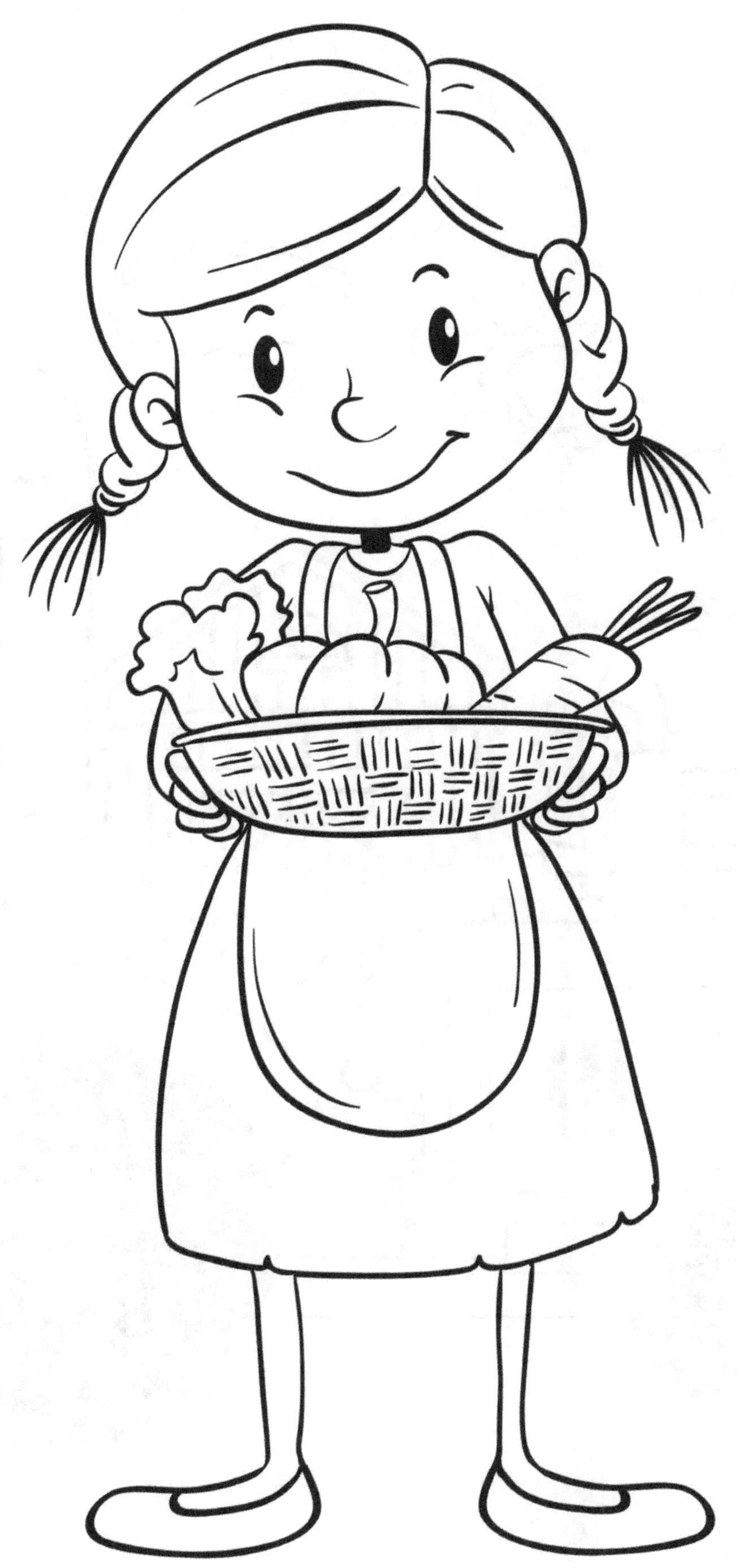

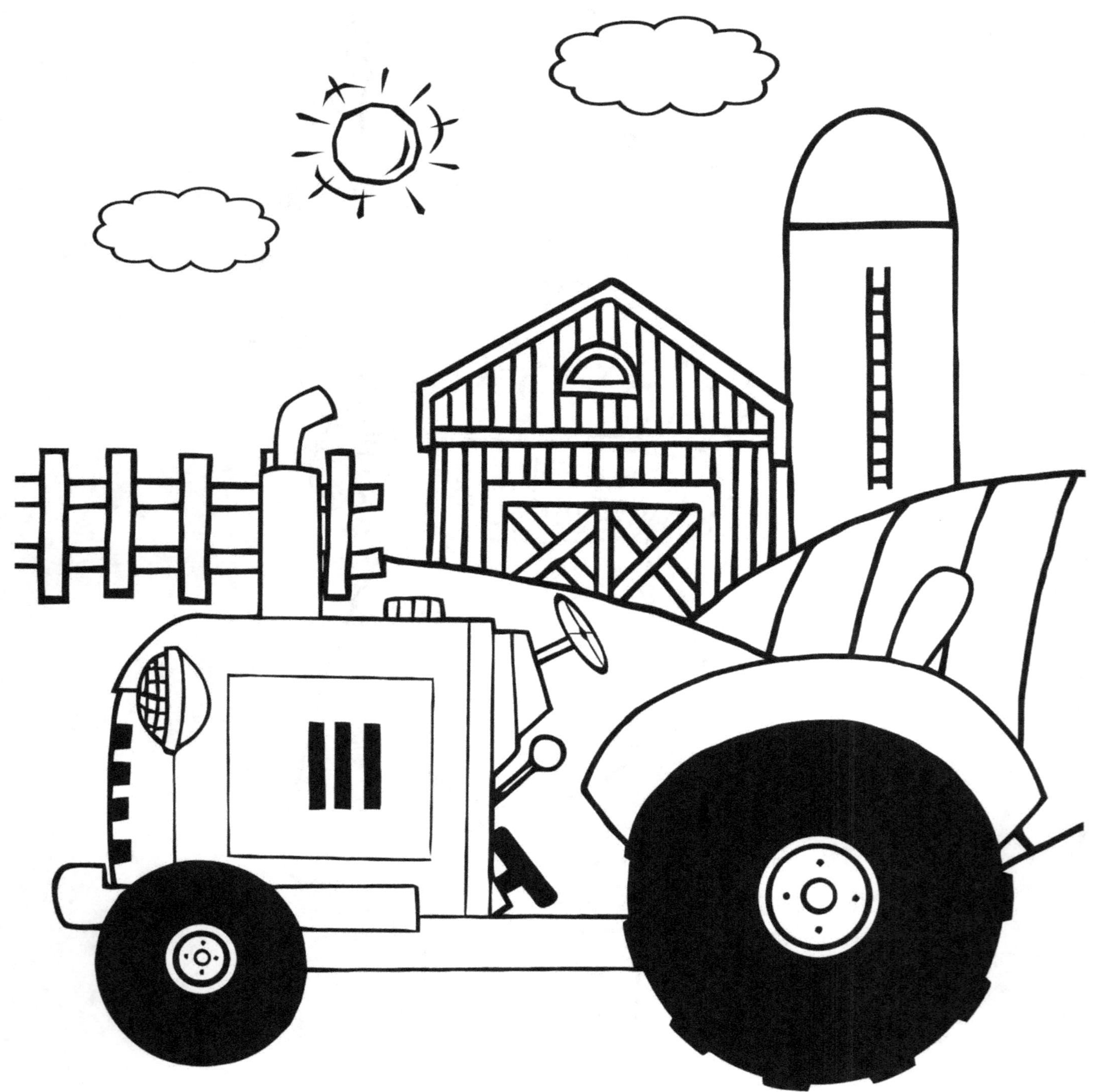

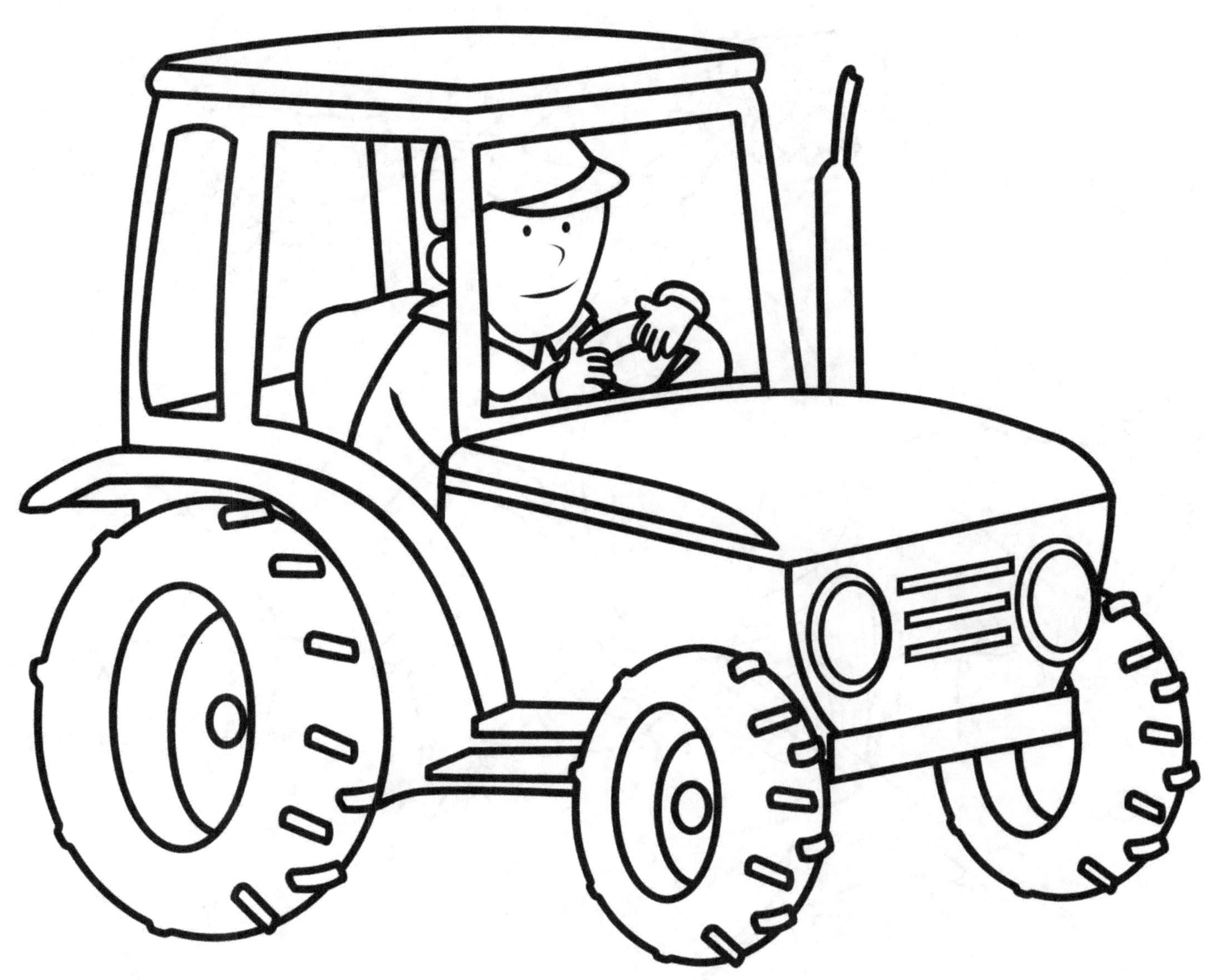

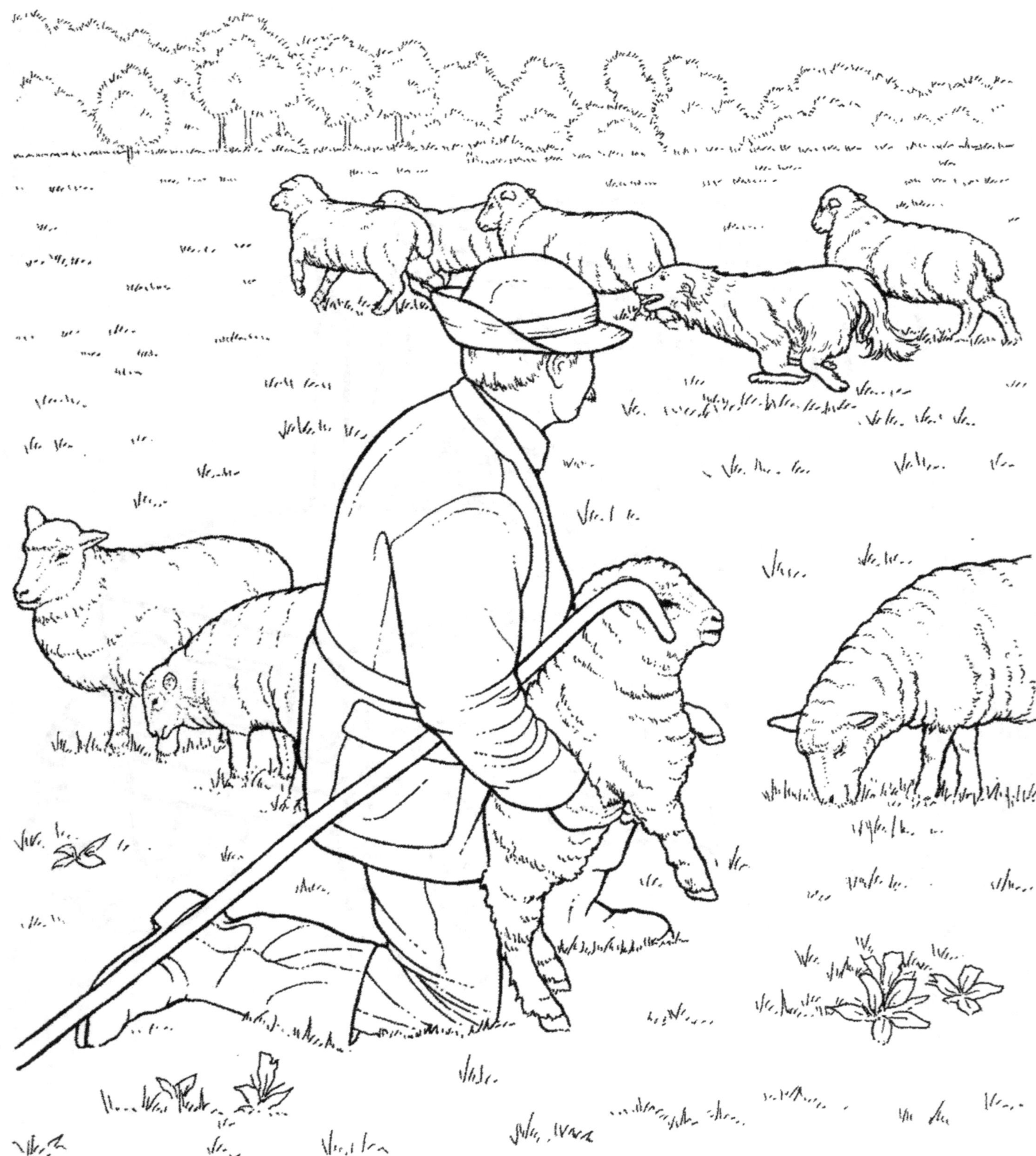

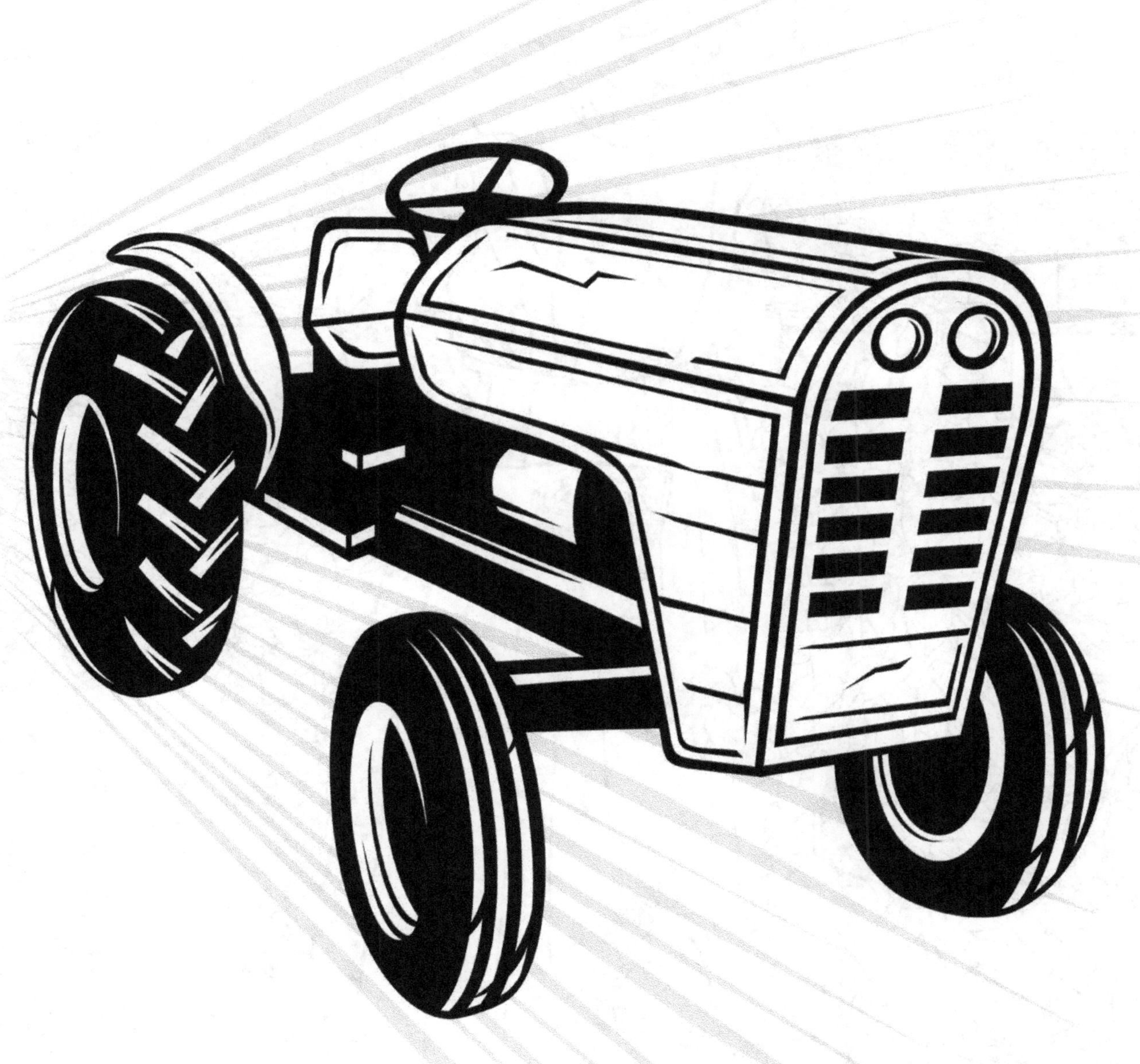

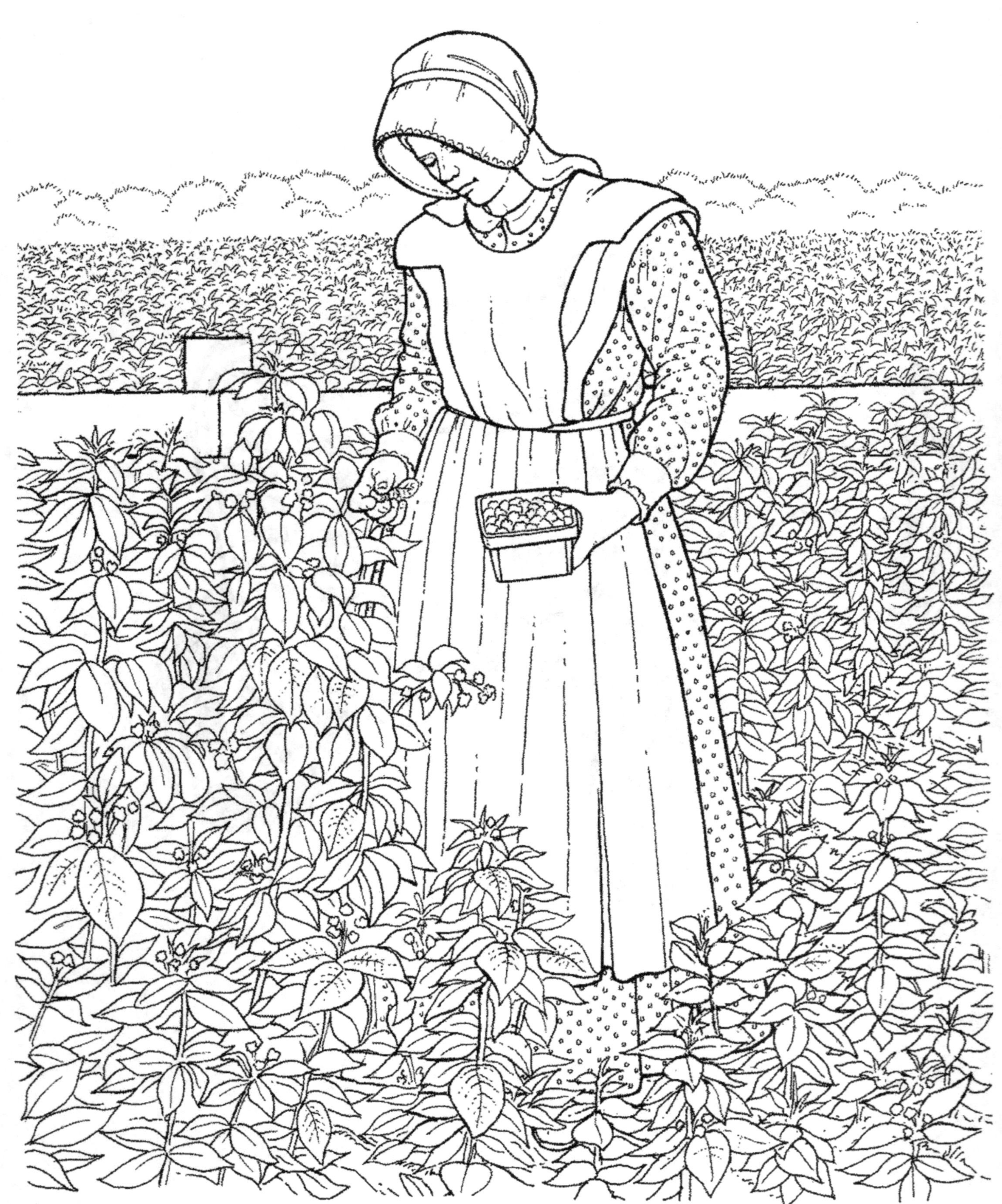

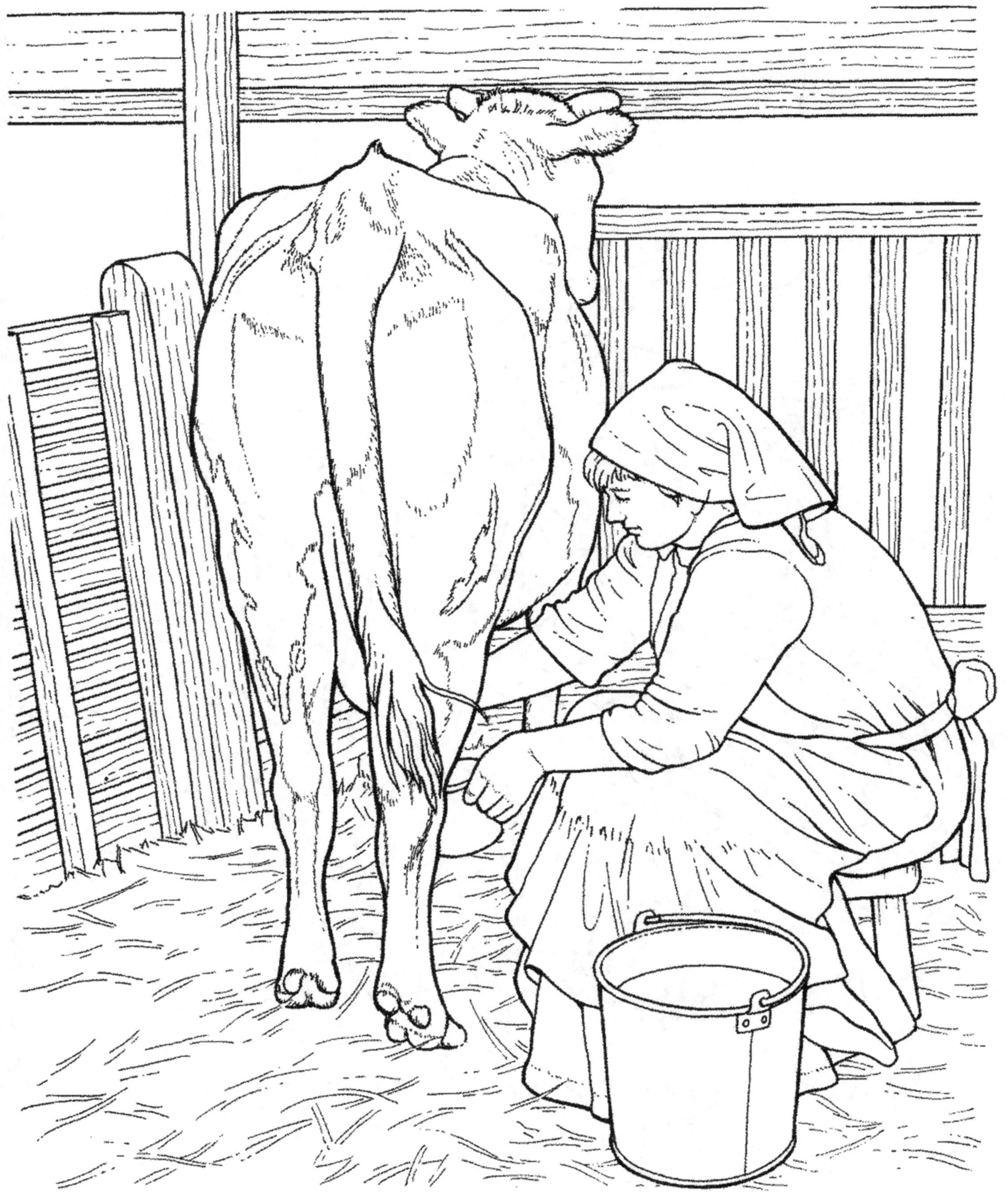

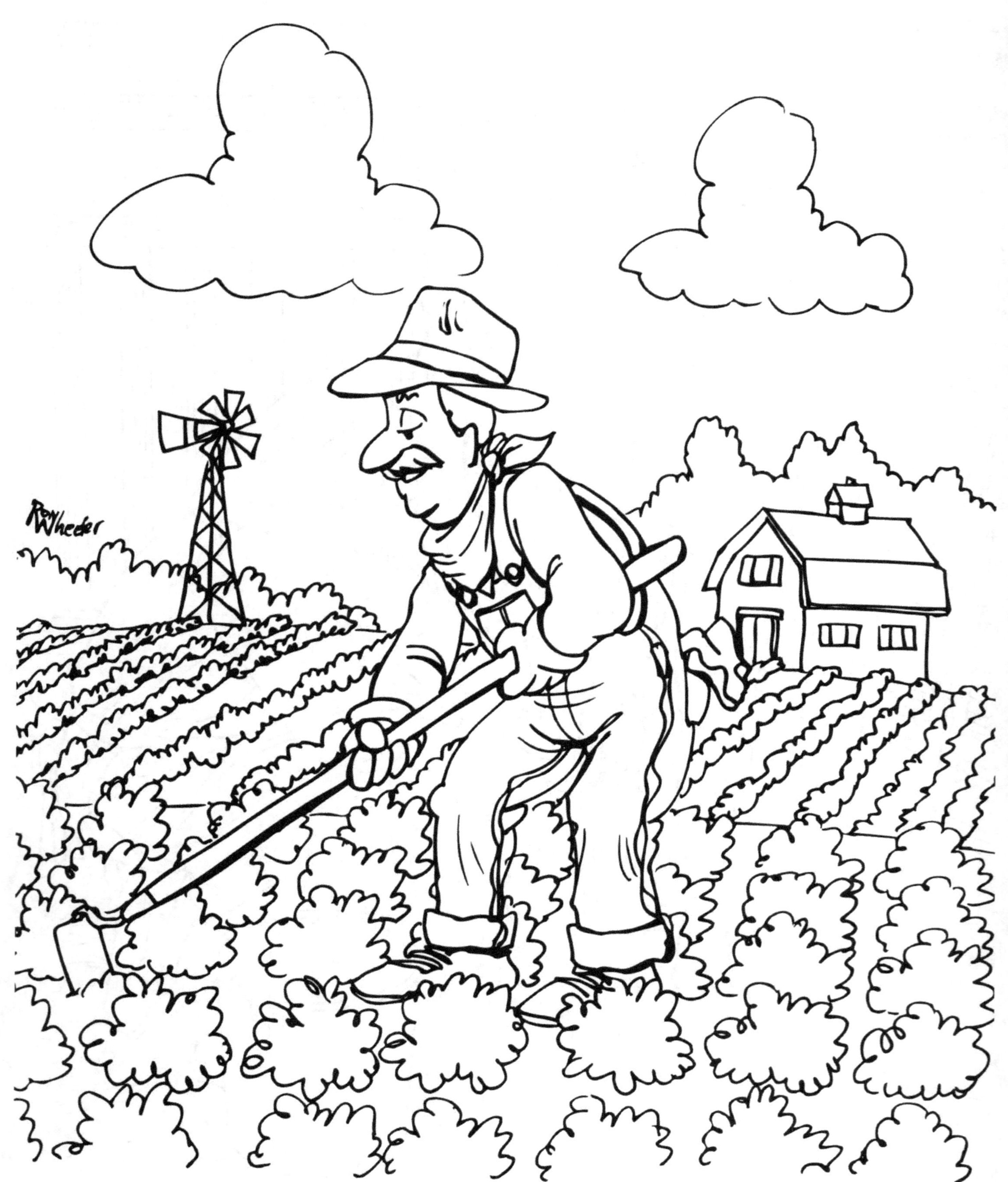

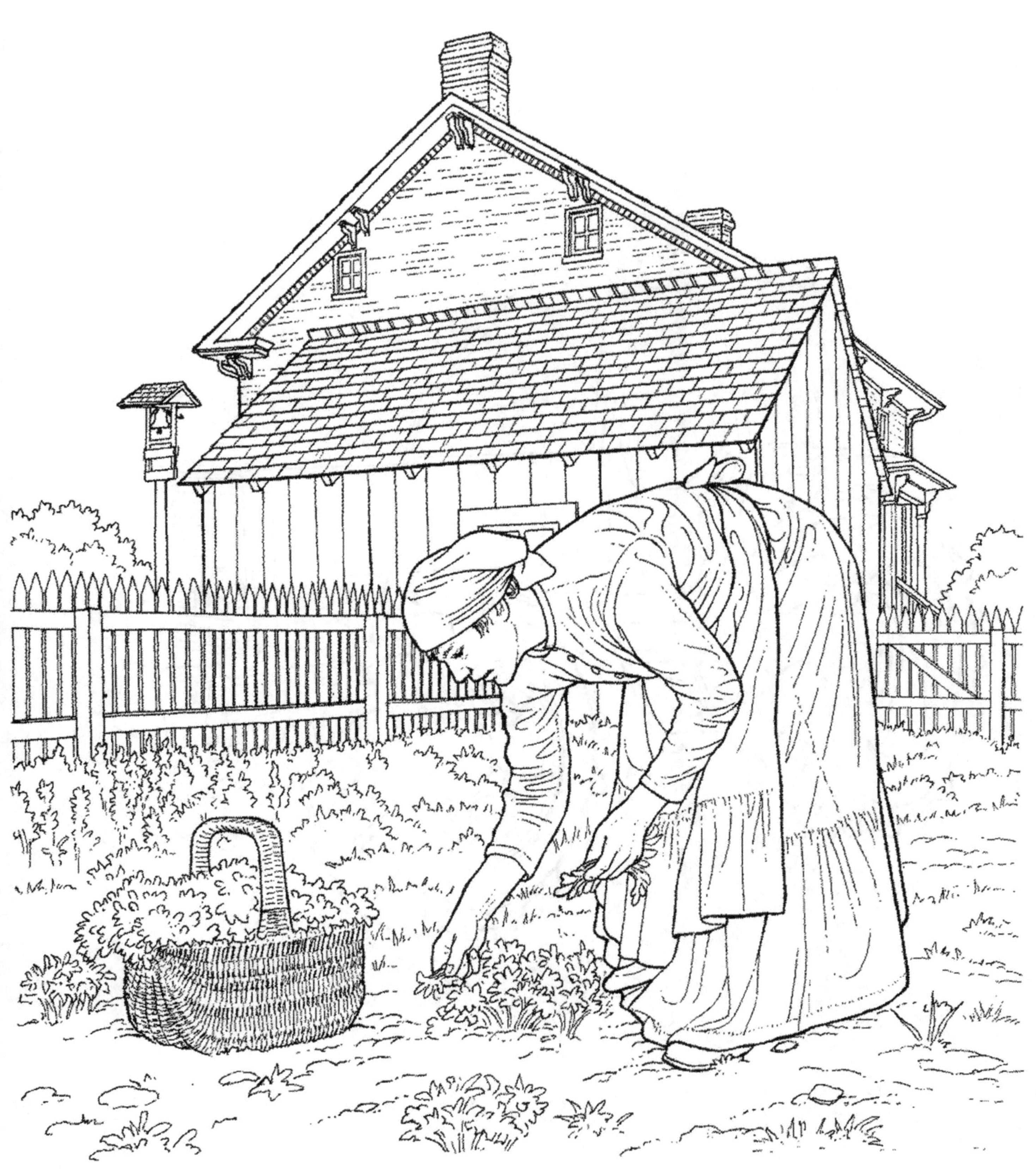

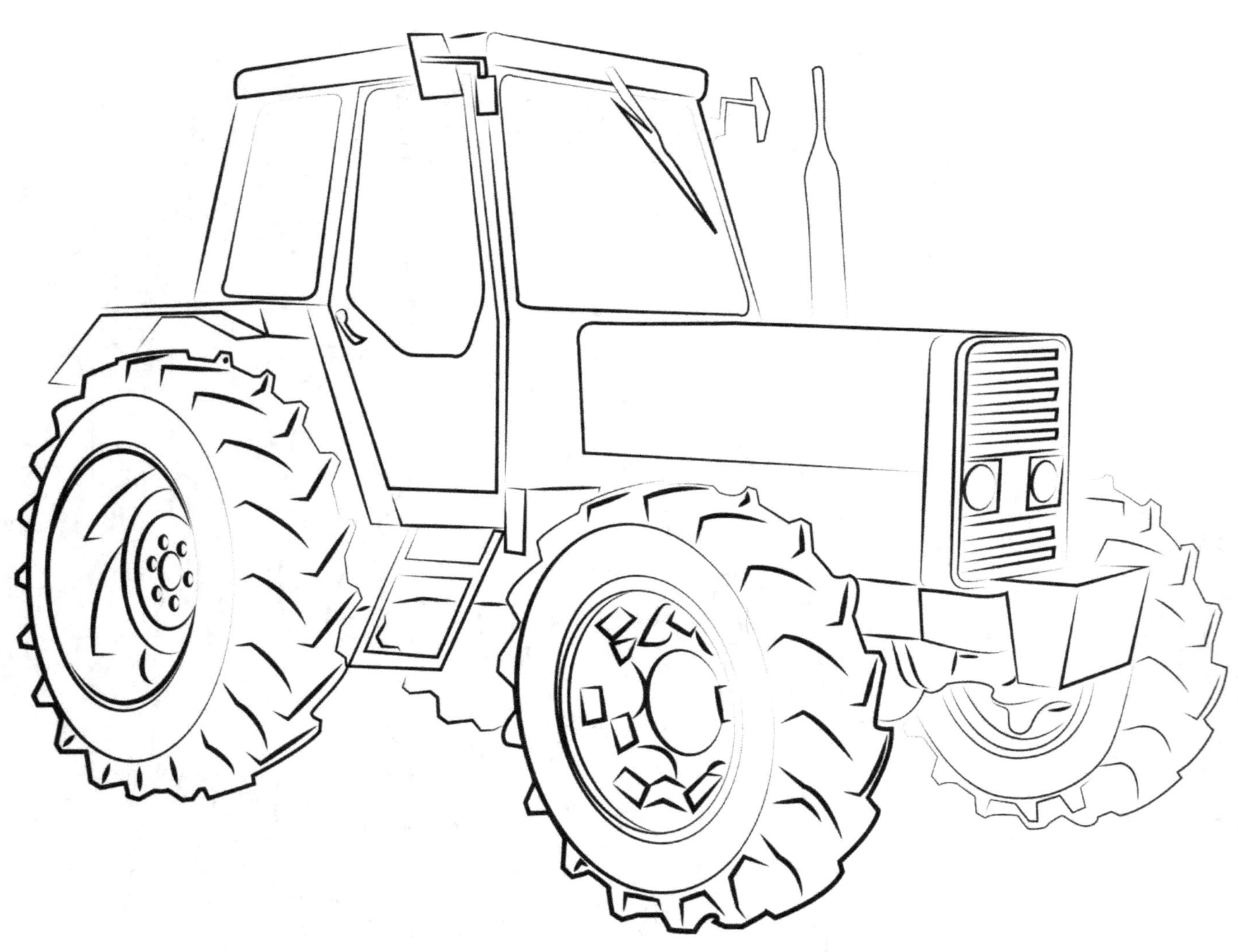

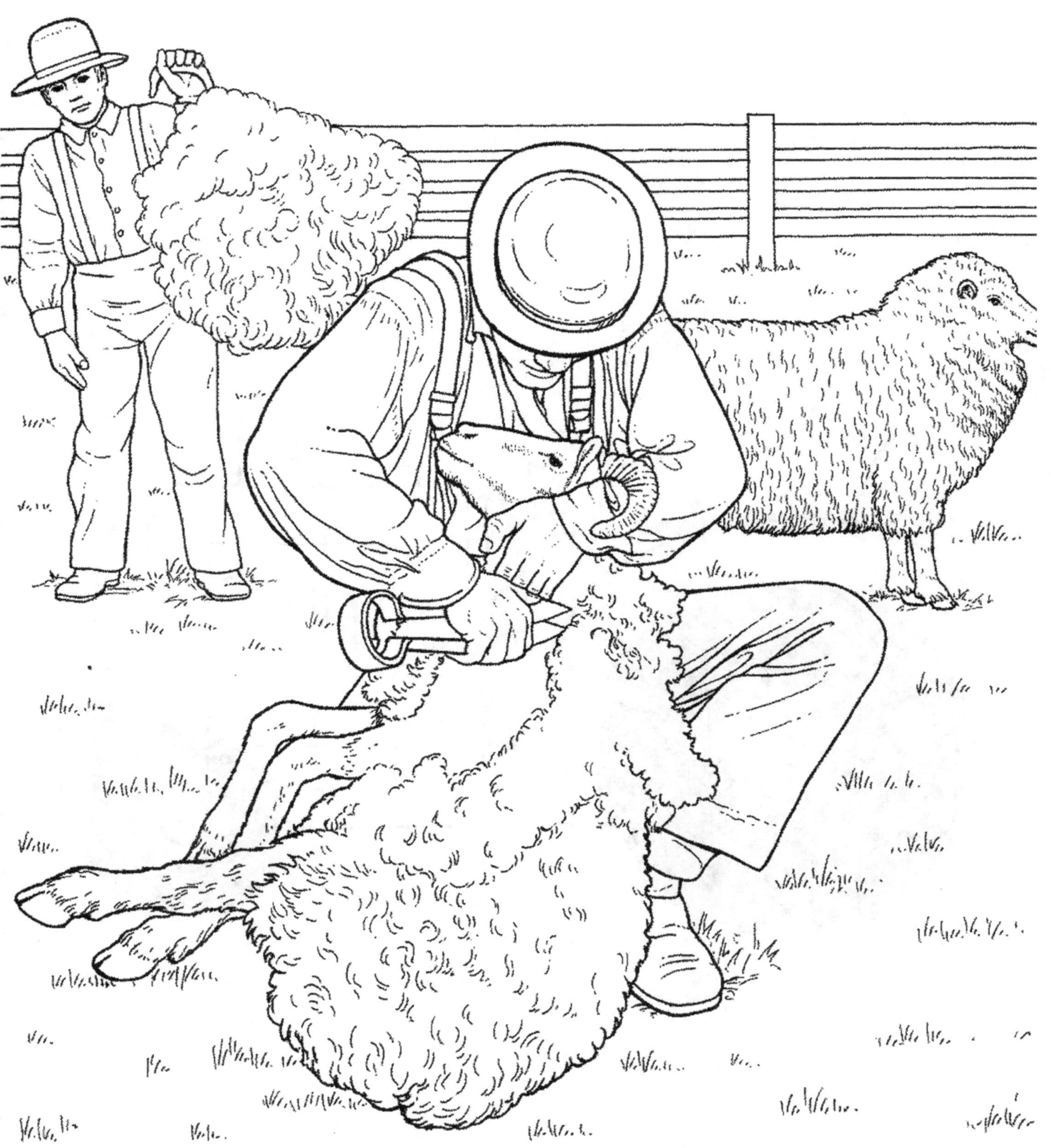

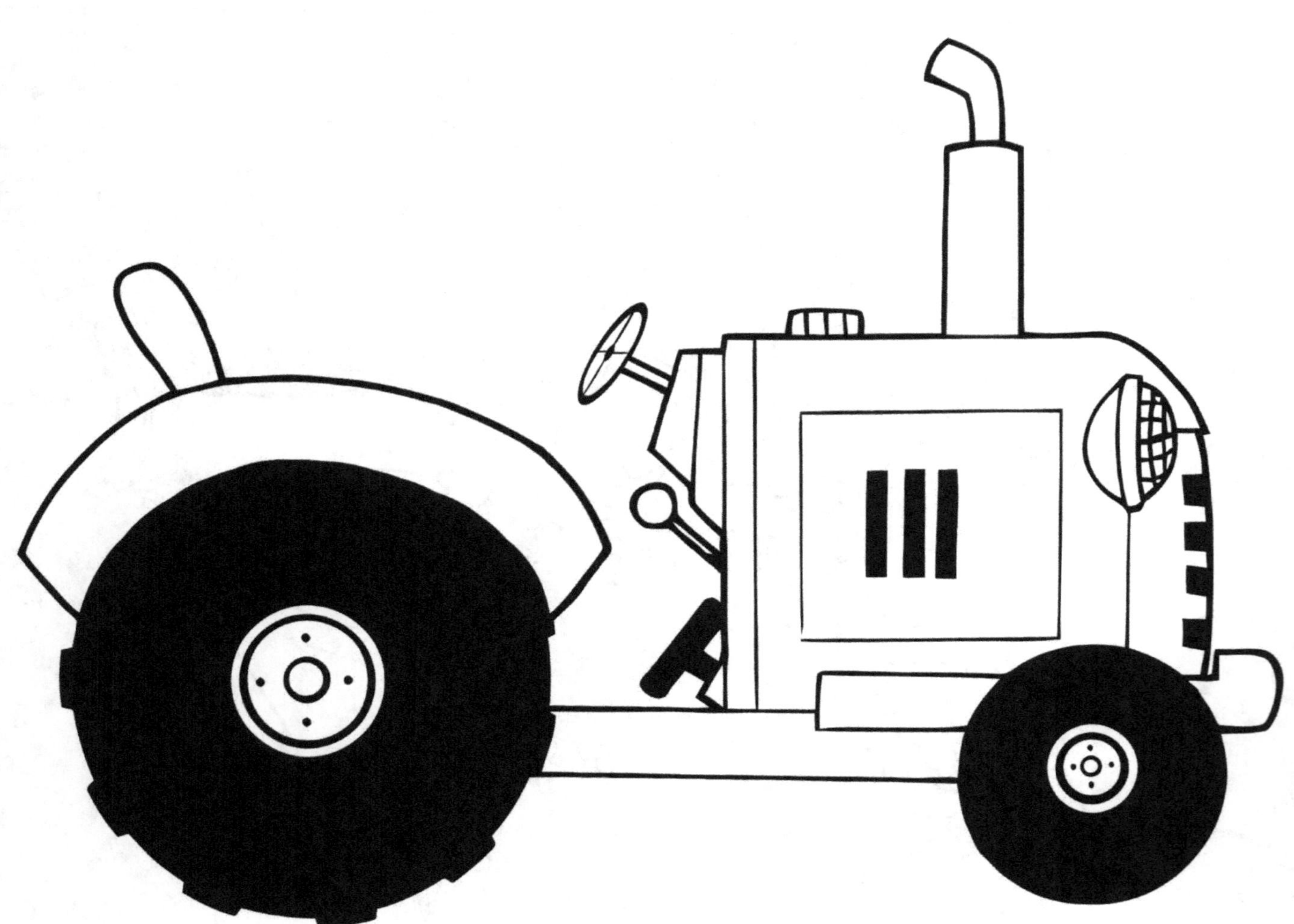

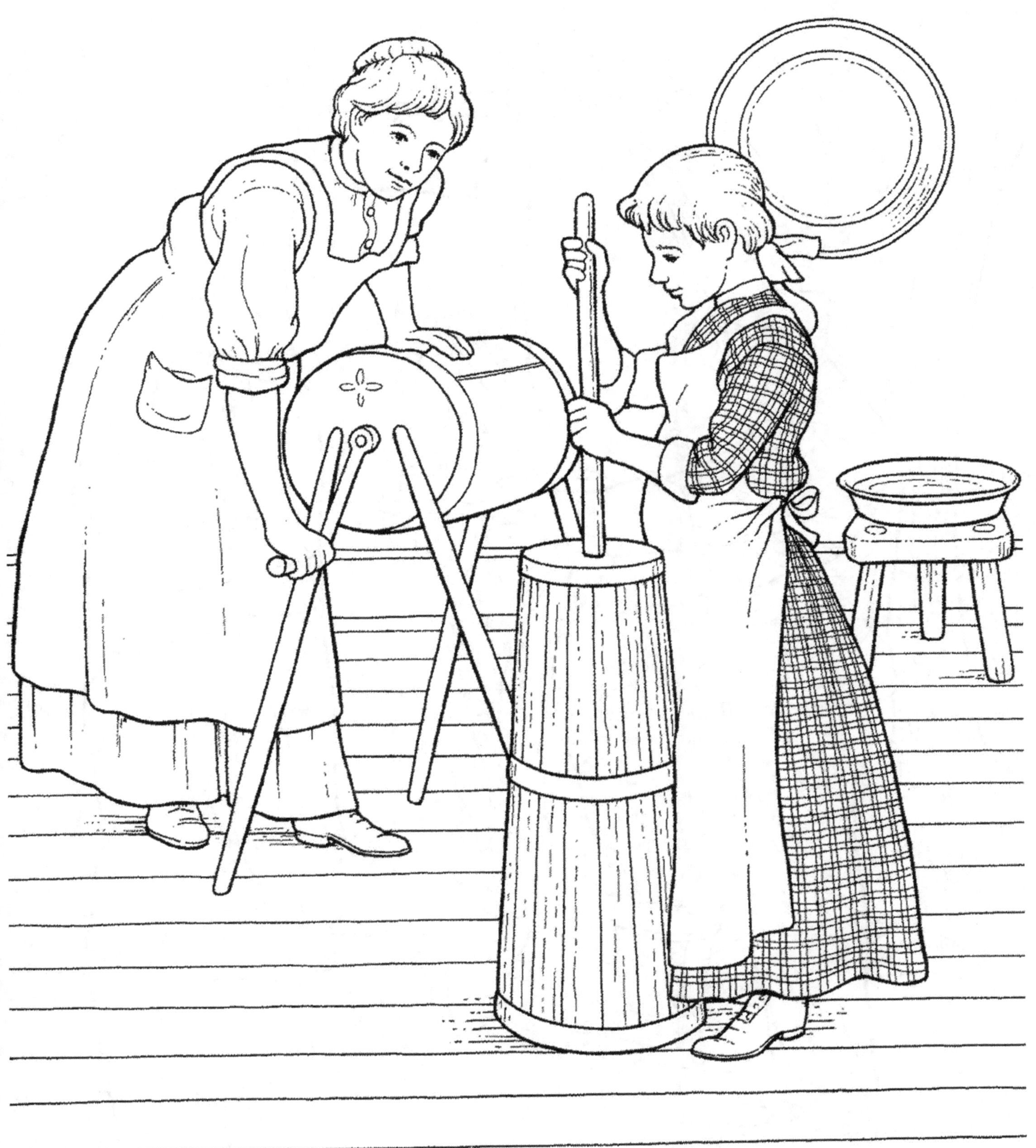

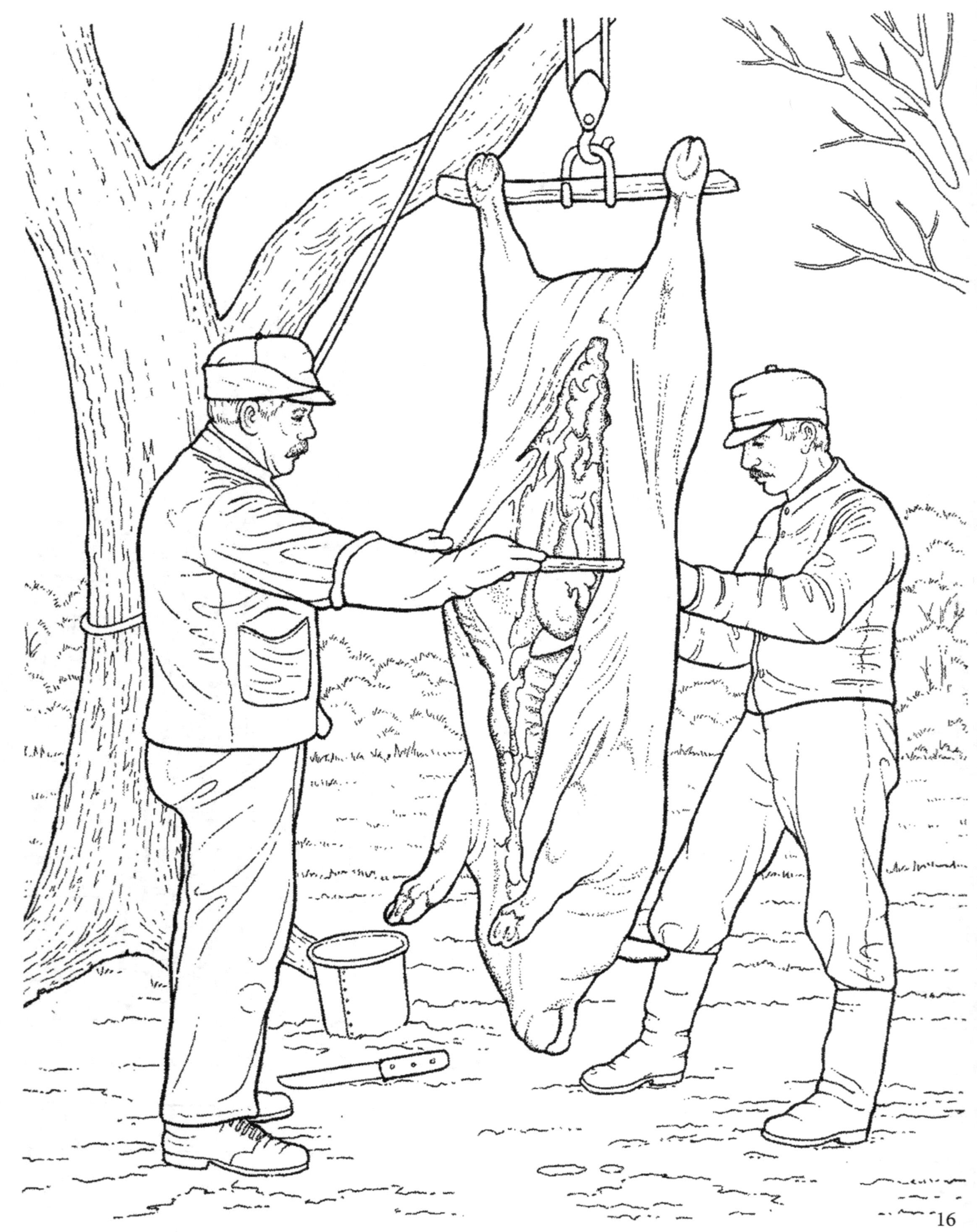

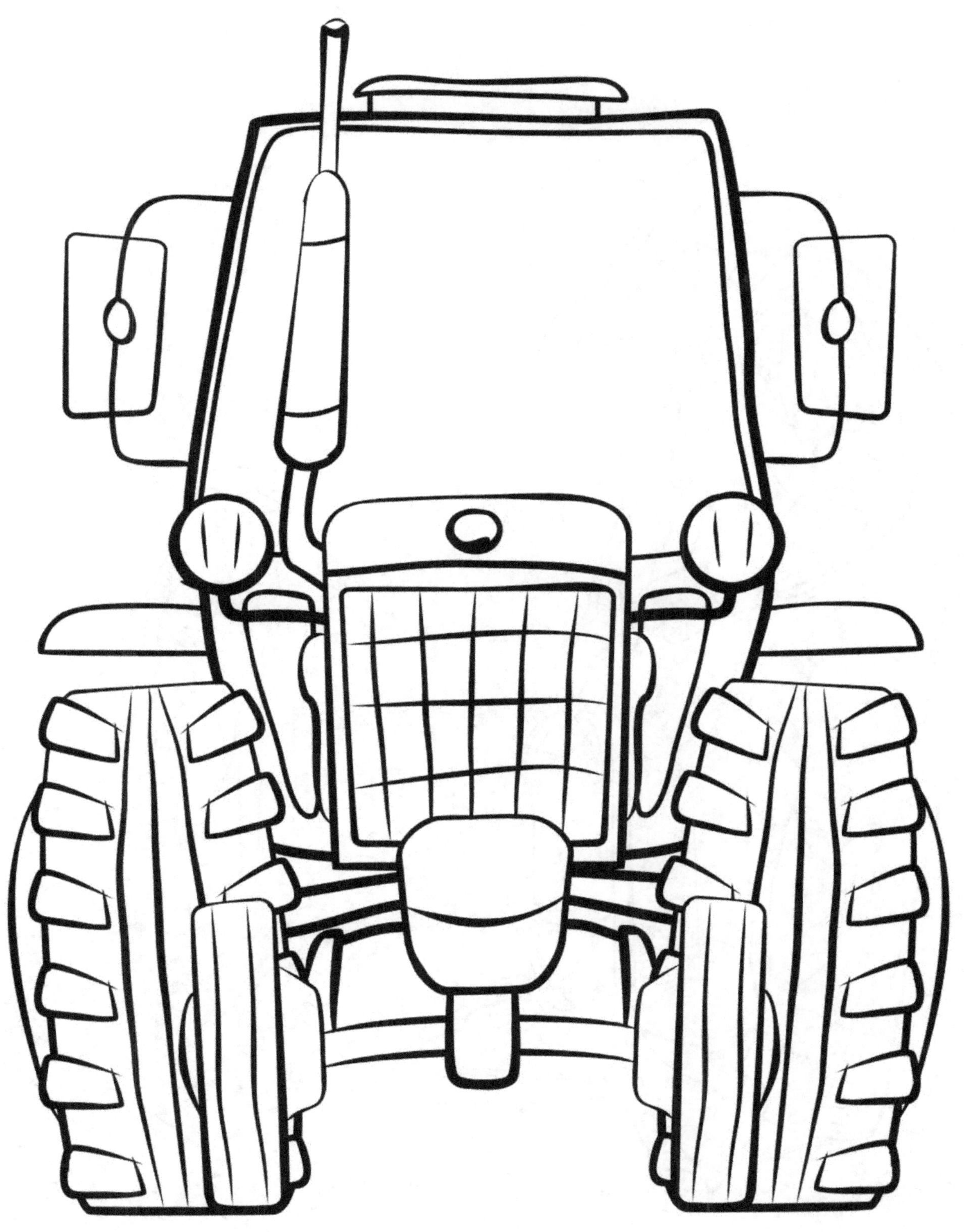

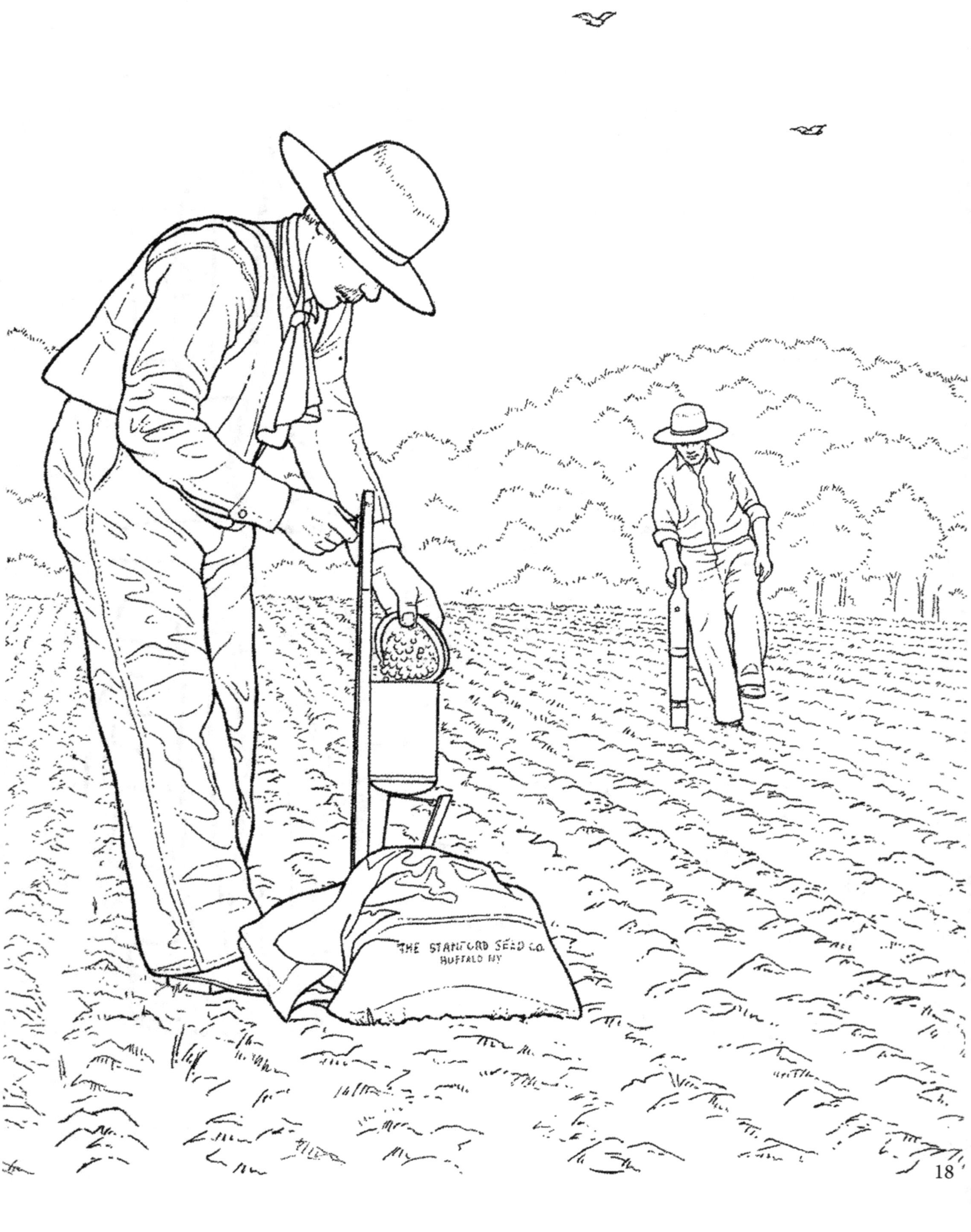

THE STANFORD SEED CO.
BUFFALO NY

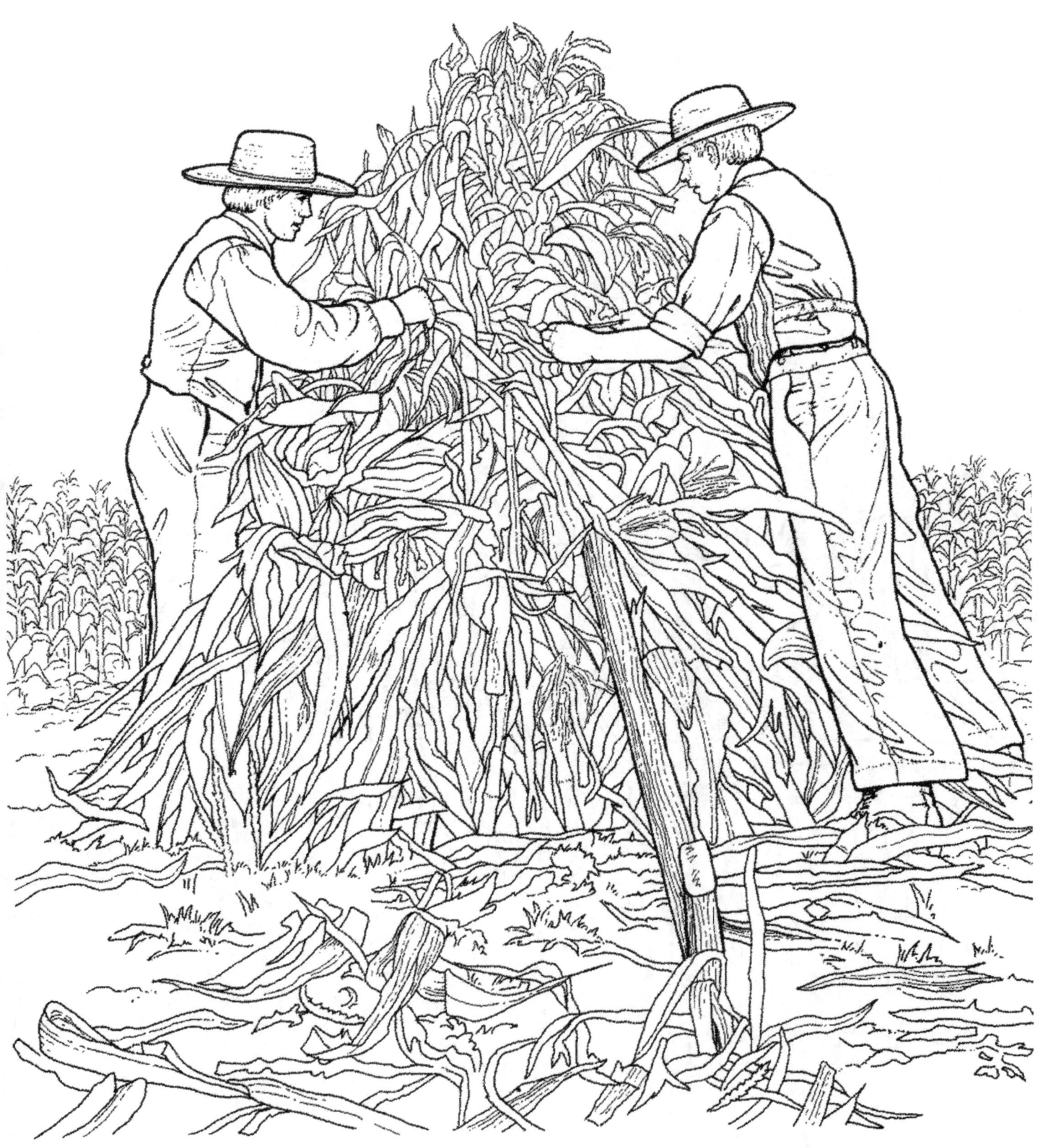

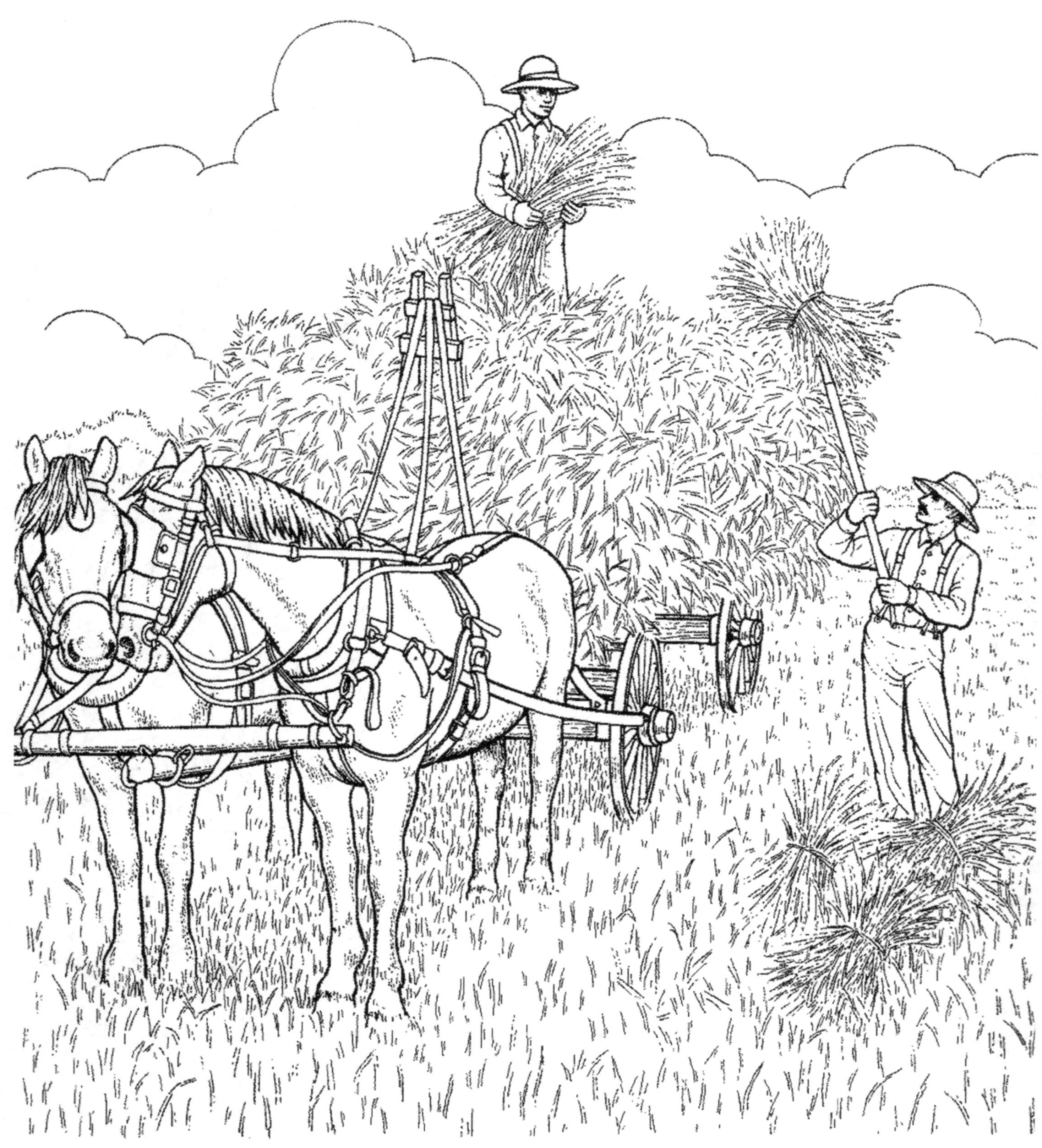

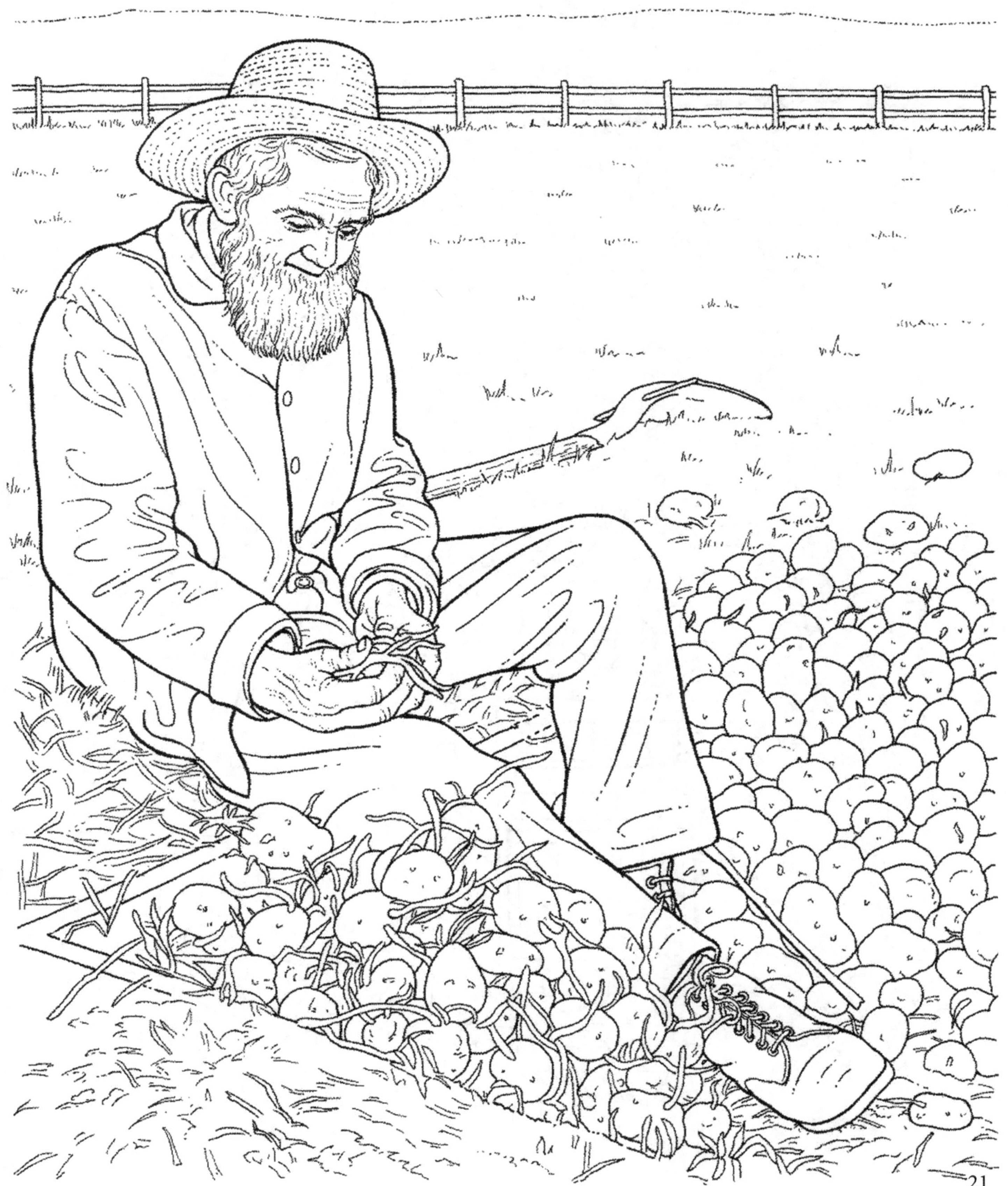

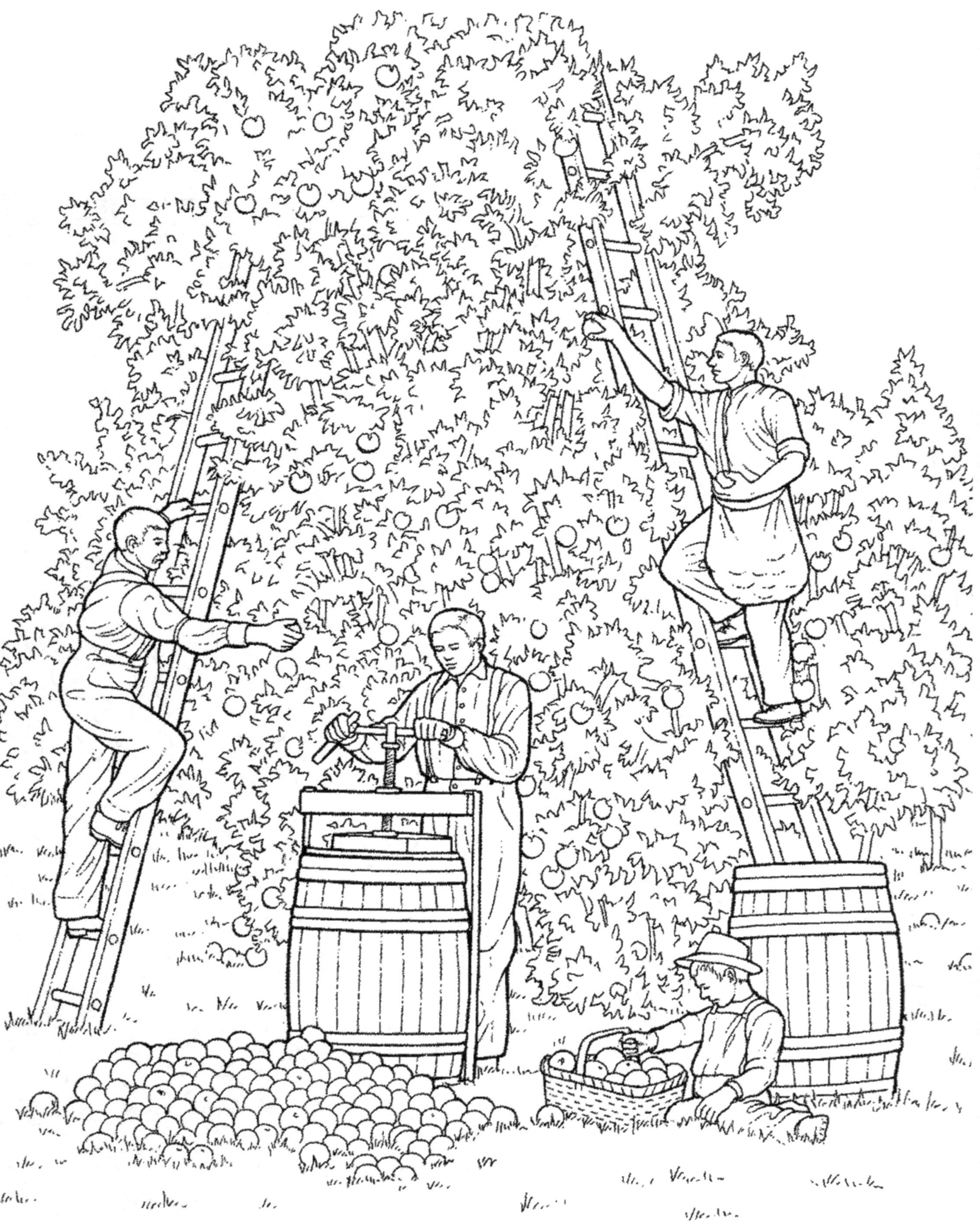

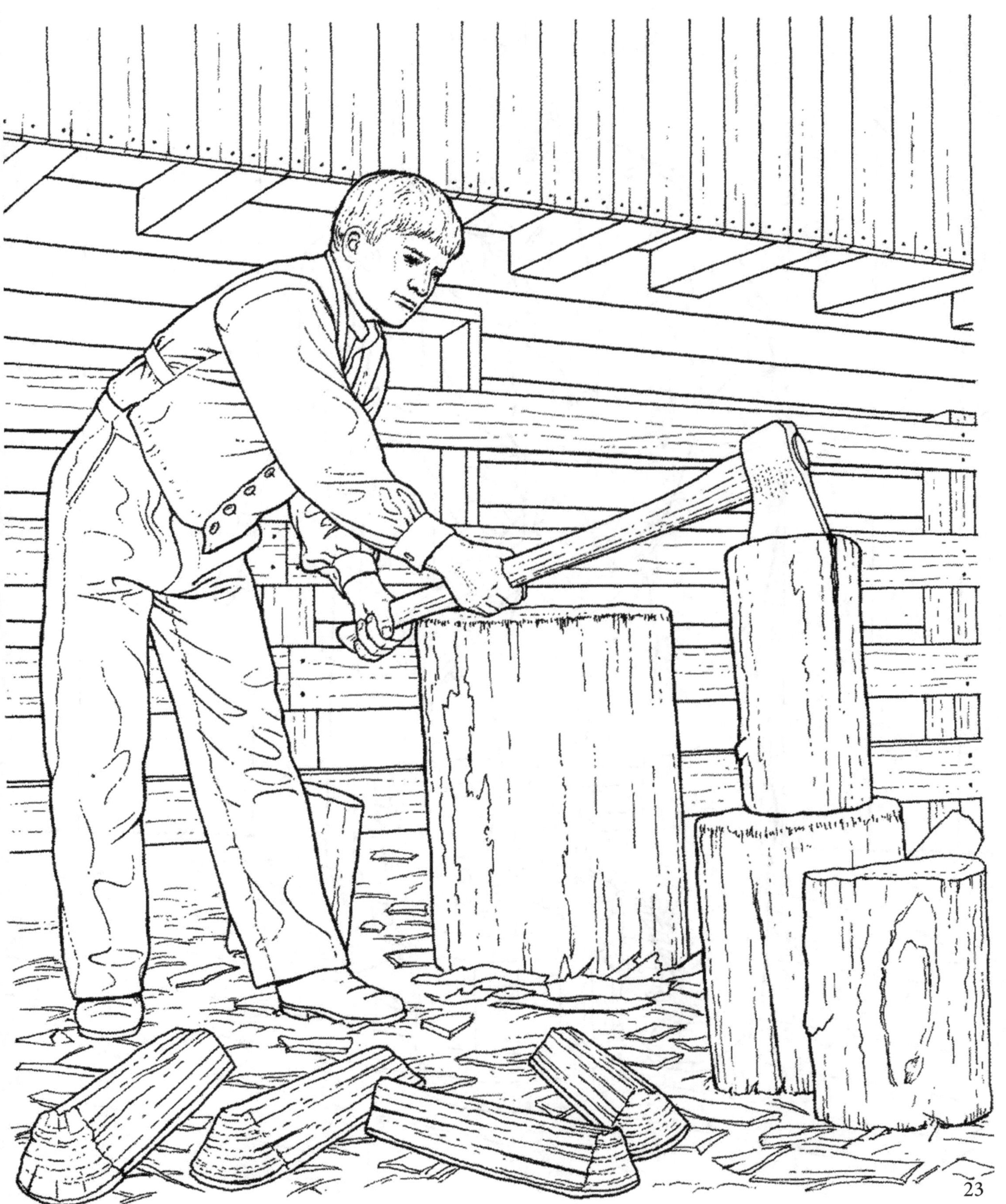

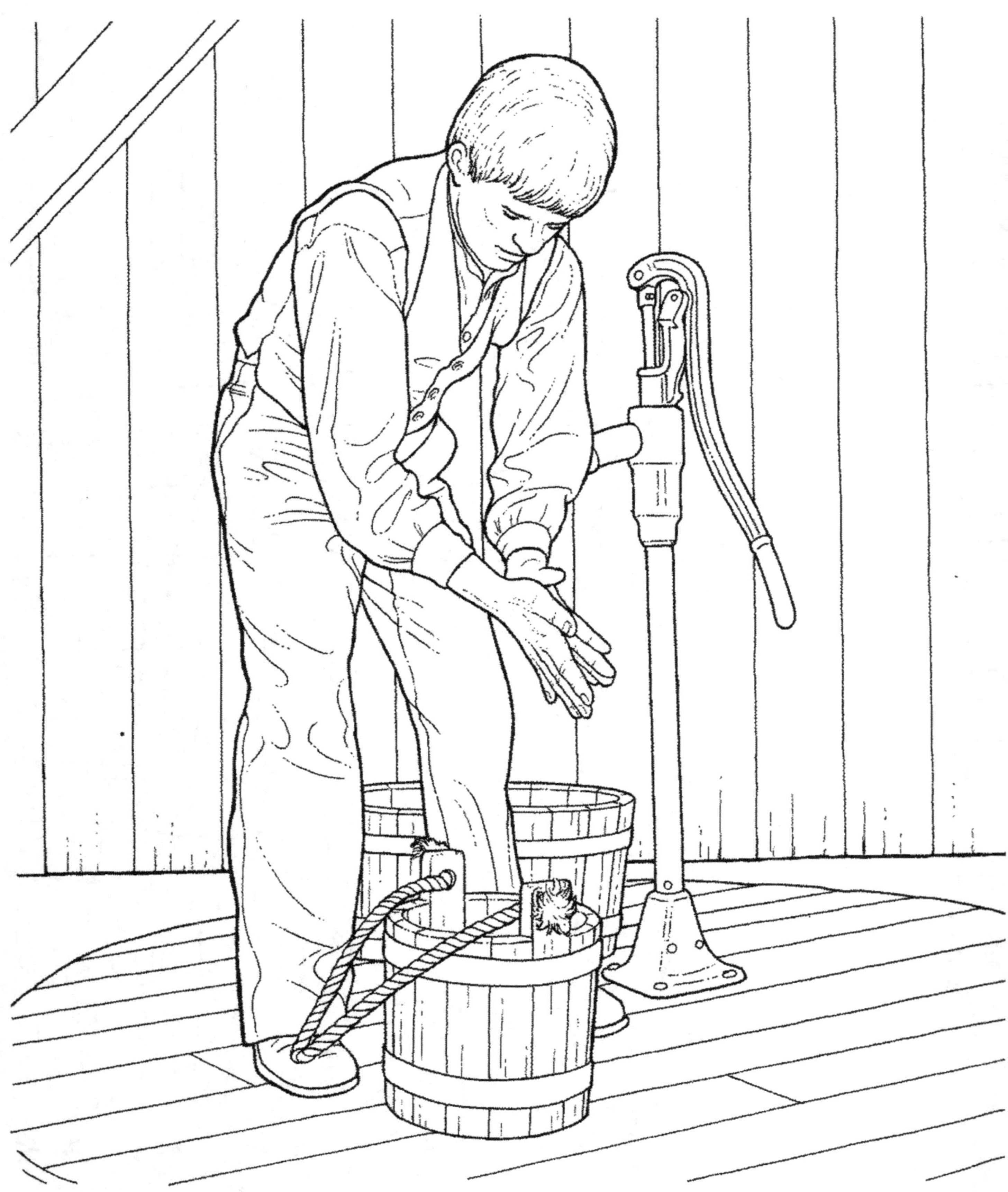

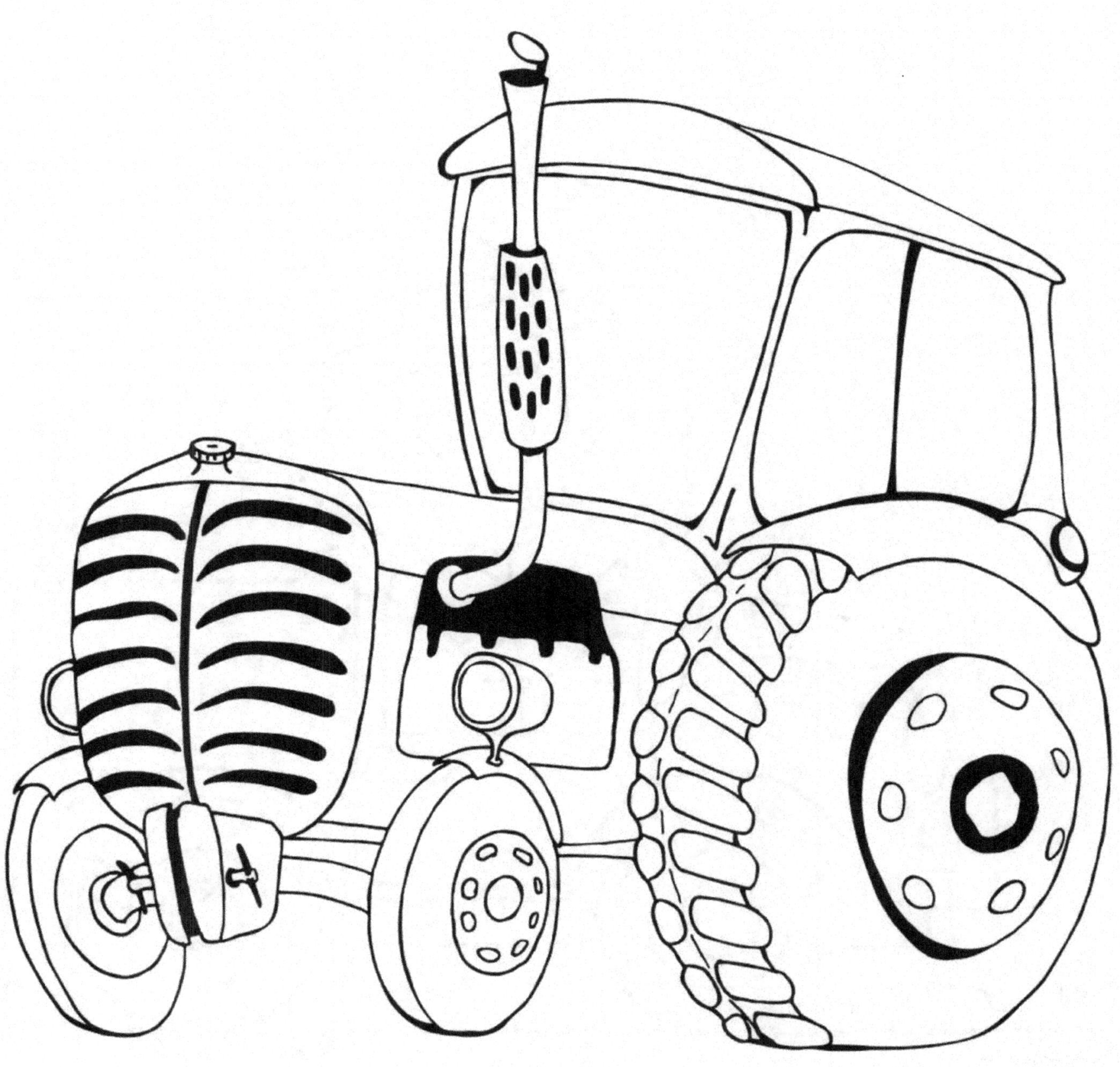

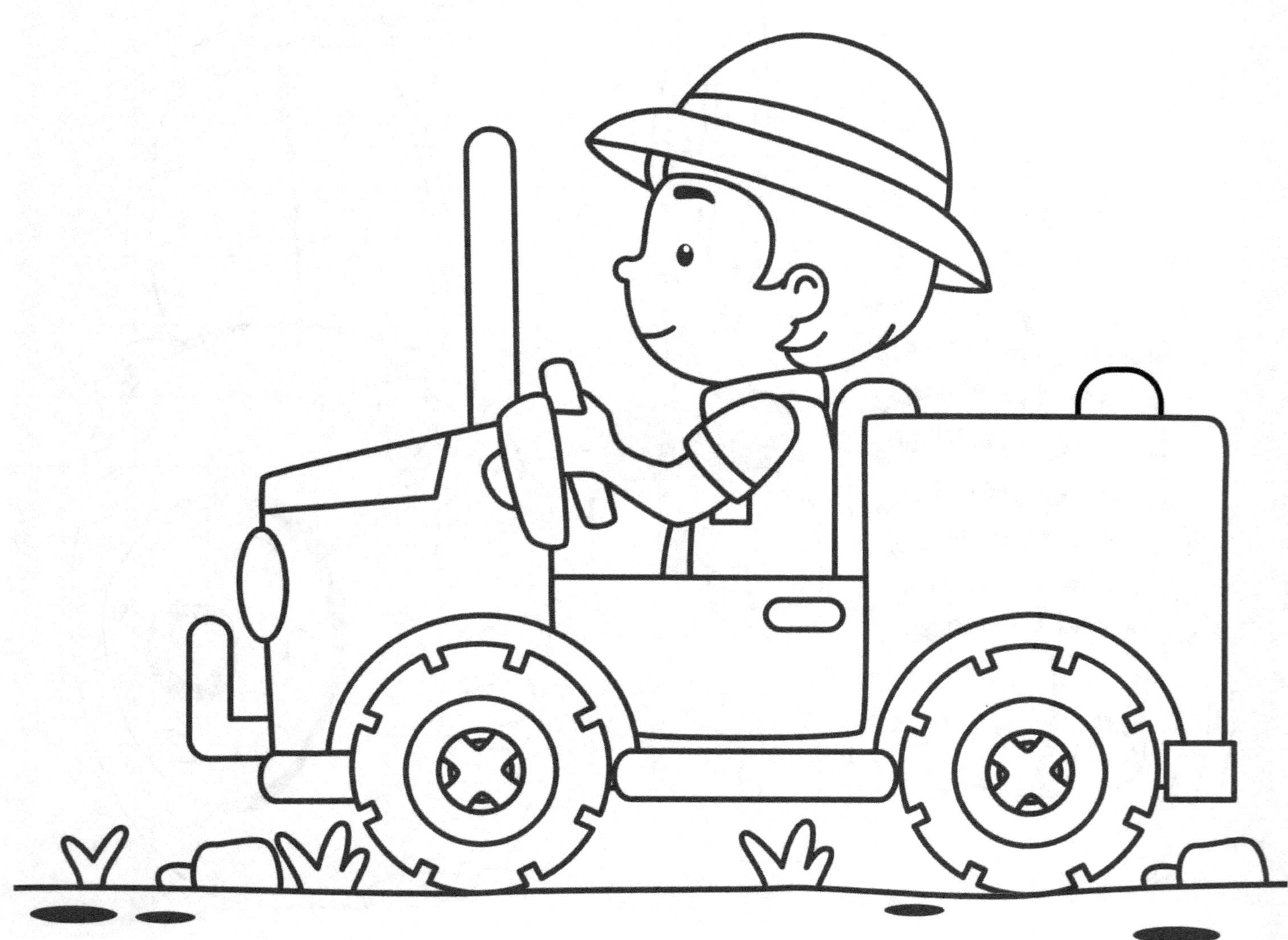

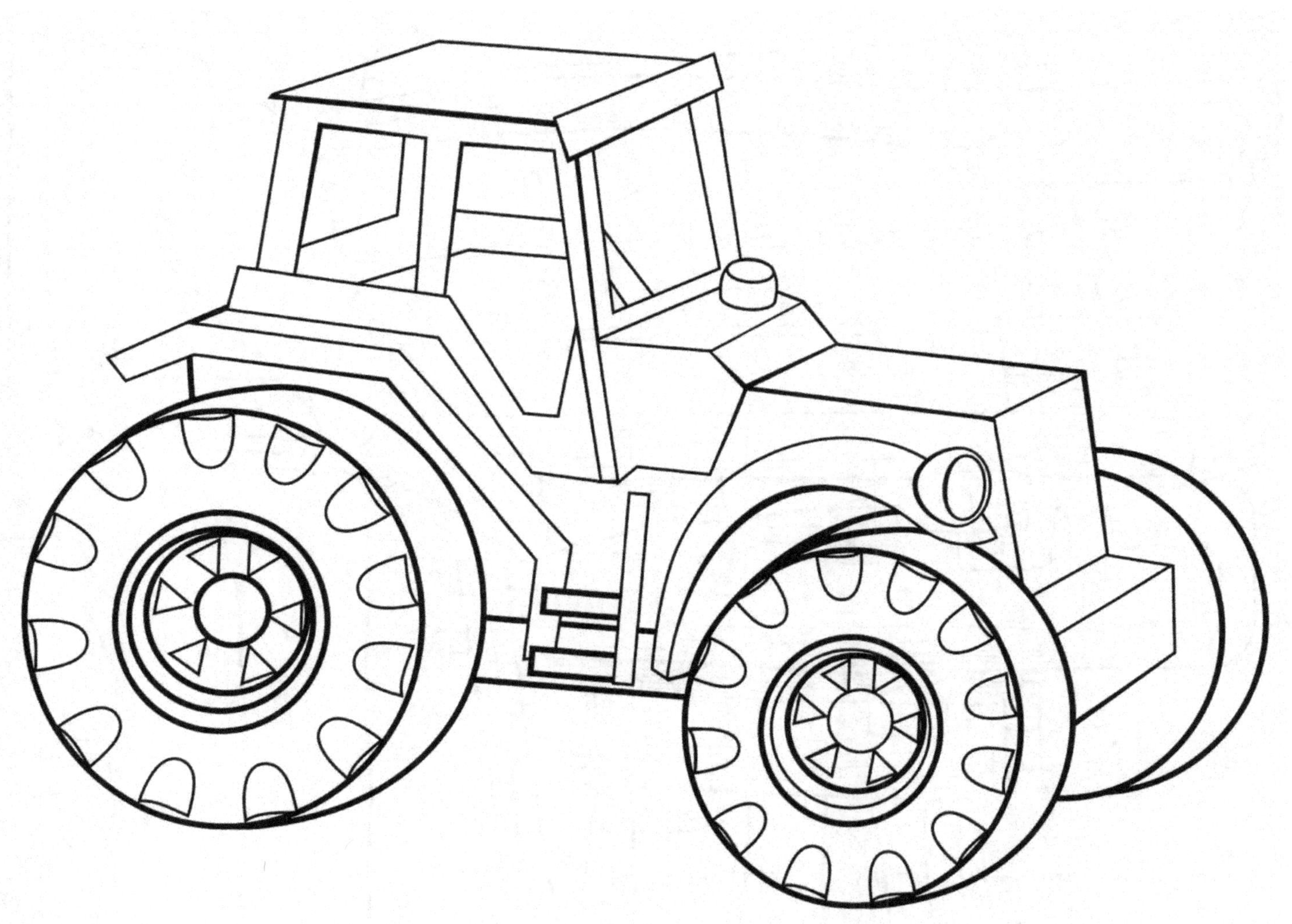

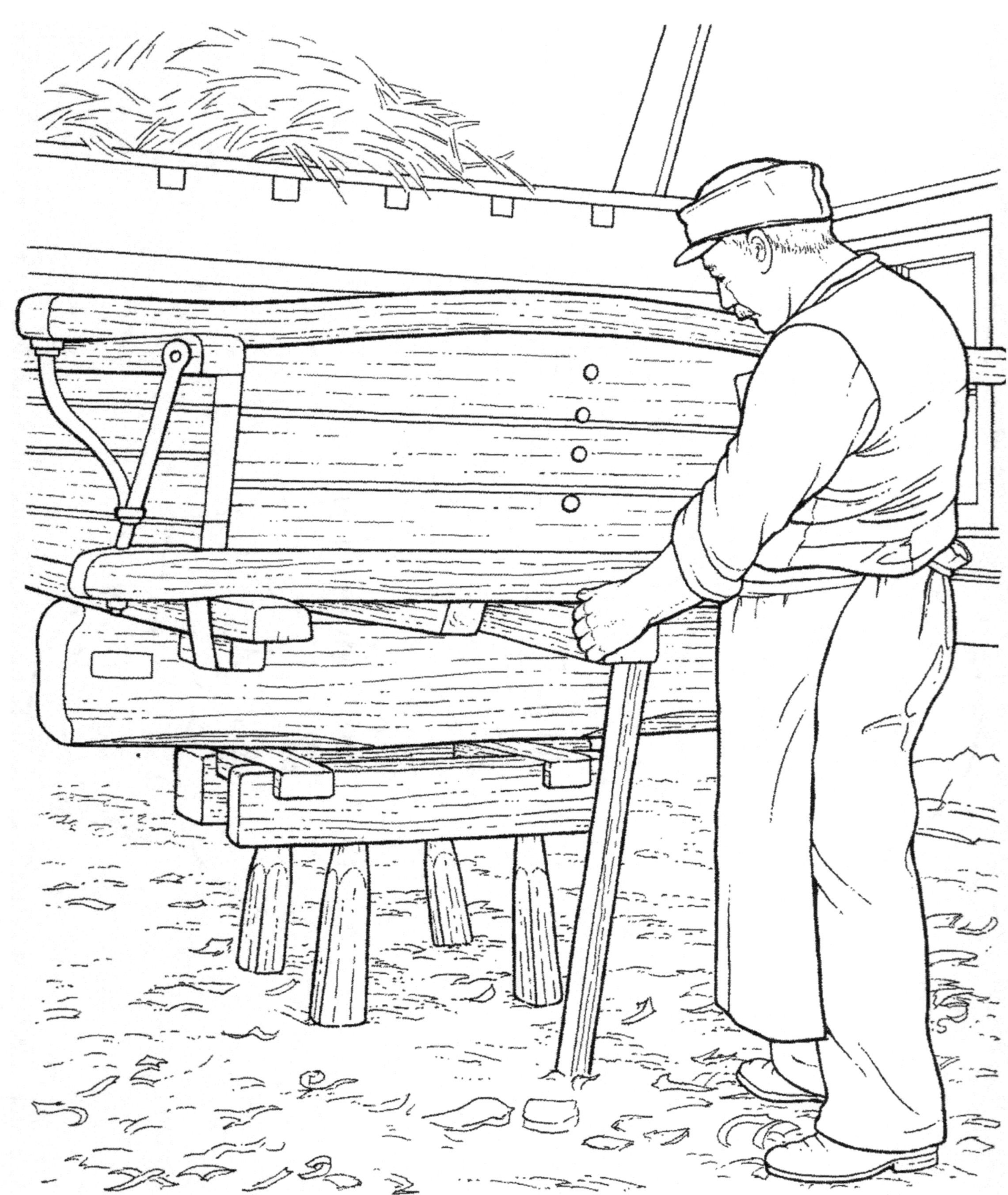

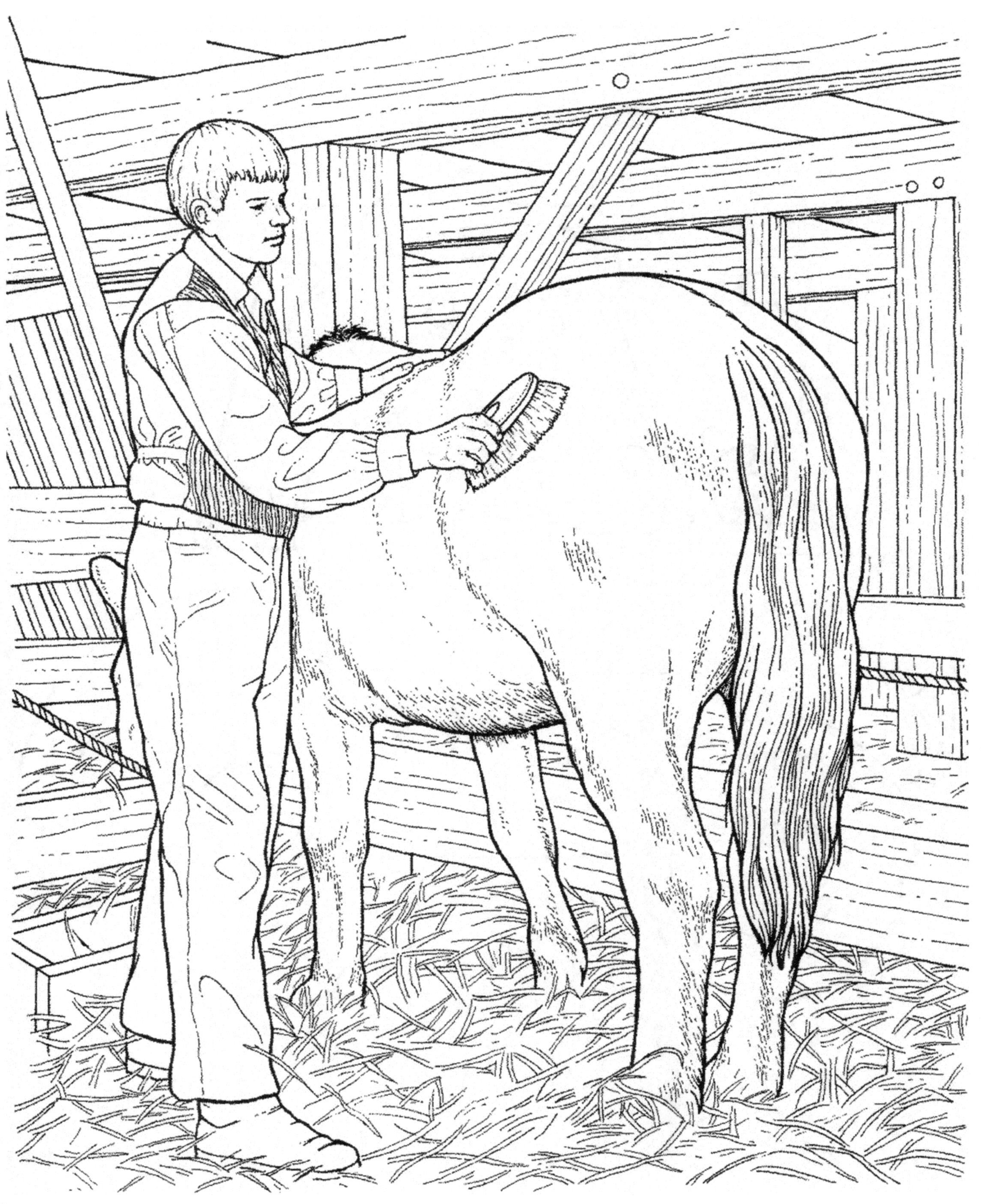

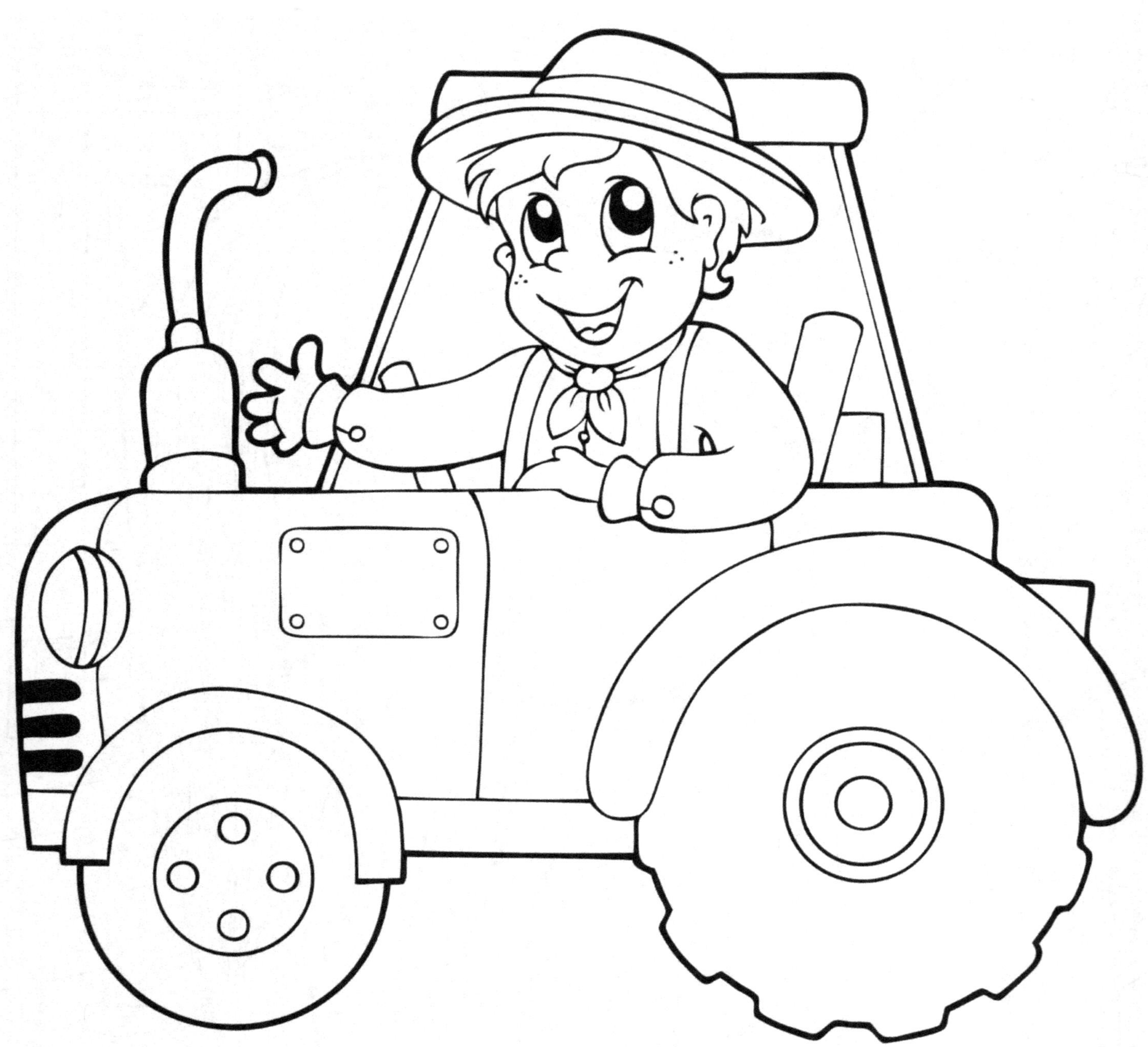